약사유리광여래본원공덕경

藥師琉璃光如來本願功德經

역자 소개

상욱스님

2011년 자우스님을 은사로 출가. 봉녕사 승가대학 졸업. 위봉사, 대원사 등 제방 선방에서 참선 수행. 현재 미국 영화선사의 지도하에 미국에서 수행정진 중.

현안스님

영화선사를 은사로 미국 위산사에서 출가. 현재 한국, 미국, 유럽을 오가며 다양한 선명상 프로그램을 기획하고 지도. 국내 저서 『보물산에 갔다 빈손으로 오다』(어의운하, 2021)

도와주신 분들

무경스님

송광사에서 현호스님을 은사로 출가. 송광사 승가대학, 동국대학교 졸업. 동국대 대학원 석사학위 취득. 박사과정 재학 중. 대흥사 선원에서 참선 수행. 현재 송광사에서 교무국장 재임 중.

대지스님

2009년 부산 옥천사 정혜스님을 은사로 출가. 봉녕사 승가대학 졸업. 전국비구니회관 법룡사 소임. 약수암, 보현암 등 제방 선원에서 참선 수행. 현재 미국 영화선사의 지도하에 청주 보산사에서 수행 정진 중.

위앙종의 소개

　위앙종은 중국 당대 말 고승인 위산영우(771-853)와 그의 제자 앙산혜적(807-883)에 의해 비롯된 선종오가(禪宗五家) 중의 한 종파입니다. 남악 계열의 종파로서 위산스님은 위산에 주석하며 종풍을 펼쳤고, 그 제자 앙산스님이 계승하여 집대성하였습니다.

　위앙종의 제9대 조사인 선화상인은 20세기 서양권에 대승을 전한 최초의 선종 조사입니다. 1948년 허운대사로부터 인가받은 후, 1949년 홍콩으로 이동, 샌프란시스코 거주 홍콩인 제자들의 초청으로 1962년 미국으로 건너갔습니다. 그는 전 세계 27개의 도량을 건립하고, 대승의 전파와 번역 사업, 제자 양성 등에 전력

하였습니다. 그의 문하에서 출가한 제자는 200여 명에 달하는 것으로 알려졌습니다.

영화선사(Master YongHua)는 베트남에서 태어나 1973년 미국으로 유학을 갔습니다. 기업체에서 일하다가, 선화상인을 만나 1995년 출가하였고, 1999년 만기악스님 밑에서 구족계를 받았습니다. 2001년부터 2005년까지 미국에서 은둔 수행을 하다가, 제자들을 받기 시작하였습니다. 2012년 여산사를 시작으로, 현재 제자들의 요청에 따라서 미국과 한국에 여러 도량을 열고 다양한 국적과 연령층의 제자들을 지도하고 있습니다.

위앙종 도량 소개

여산사 Lu Mountain Temple (미국 LA, 2012)

위산사 Wei Mountain Temple (미국 LA, 2018)

금림선사 Gold Forest Chan Center (미국 2019)

보산사 Jeweled Mountain Temple (청주, 2020)

보라선원 Jeweled Conch Seon Center (분당, 2021)

법장사 Dharma Treasury Temple (샌프란시스코, 2022)

국내 출판

현안, 『보물산에 갔다 빈손으로 오다』 (어의운하, 2021)

영화, 『정토수행지침서1』 조소영 역 (운주사, 2022)

영화, 『불유교경』 상욱, 현안, 김윤정 역 (어의운하, 2023)

영화, 『영화스님의 선명상』 윤희조, 박재은 역 (운주사, 2024)

영화, 『복 있는 당신께, 다르마톡』 대지, 상욱, 현안, 현공 역 (어의운하, 2024)

수상

2023년 올해의불서10 보덕전법상 수상(대한불교조계종 총무원 주최) 『불유교경』 (어의운하, 2023)

위앙북스

영화스님의 제자들이 지난 20년간 꾸준히 스님의 선과 정토 법문 및 경전 강설을 녹음해 온 것은 참으로 뜻깊은 일입니다. 특히 최근 10여 년 동안 유튜브를 통해 실시간으로 영화스님의 법문을 방송하고, 동시에 중국어, 베트남어, 한국어, 스페인어로 통역까지 진행하며 대승불교의 가르침을 전파하는 데 크게 기여하고 있습니다.

또한 영화스님의 유발상좌인 실리콘밸리의 개발자들은 방대한 법문을 문서화하기 위해 자체적인 AI 시스템을 개발했습니다. 이것은 현대 기술을 불법 전파에 활용한 모범적인 사례라 할 수 있습니다. 오늘도 미국, 한국, 유럽, 중국 등 세계 각지에서 많은 봉사자가 영화 스님의 법문을 녹취하고 번역하는 작업을 이어가고 있습니다.

특히 국내에서는 조계종, 위앙종 스님들과 봉사자들이 모여 영화스님의 법문을 한국어로 번역하는 데 헌신하고 있으며, 가까운 미래에 영화스님의 다양한 법문과 대승경전 강설이 꾸준히 출판되기를 기대하고 있습니다.

이러한 노력이 결실을 보아 더 많은 이들이 대승을 접하고 수행할 수 있기를 바라며 지난 2023년 "위앙북스"를 설립하게 되었습니다.

감사의 말

약사부처님은 병을 치료하는 부처님입니다. 항상 손에 각종 약이 담긴 약병을 지니고 중생의 고통과 질병을 없애주십니다. 요즘처럼 다양한 질병과 고통이 많은 시대에는, 약사부처님의 가피와 보호가 정말 필요합니다. 그런데 의외로 약사부처님은 잘 알려지지 않았습니다.

반면, 사람들은 위급한 상황에 닥치면 자연스럽게 관세음보살의 명호를 떠올리고 염불합니다. 물론 관세음보살님께 도움을 청하는 것도 중요하지만, 사실 재앙과 질병이 닥치기 전 미리 예방하는 것도 중요할 것입니다. 그래서 약사 불법은 우리에게 정말로 필요한 수행입니다. 매일 약사주를 외우고, 약사부처님의 명호를 지니면 미래에 일어날 질병이나 사고를 완화할 수 있습니다.

이번에 새로 출간되는 『약사경』을 통해 더 많은 분이 약사부처님을 접하고, 약사 불법으로 여러분이 자신의 건강과 안전을 지킬 뿐만 아니라, 그 공덕을 모든 중생에게 회향함으로써 더 많은 사람이 평안하고 행복한 삶을 살 수 있기를 기원합니다.

상욱

2025.03.28.

저는 지난 10여 년간 세계 곳곳에서 수많은 사람들에게 선명상을 가르쳐 왔습니다. 예전에는 선으로 해결하지 못할 문제가 없고, 선이야말로 최고라고 믿었습니다. 하지만 출가한 후, 그런 생각이 얼마나 지혜가 부족한지 깨닫게 되었습니다.

특히 요즘처럼 어지럽고 복잡한 세상에서는 몸과 마음이 아픈 사람들이 많습니다. 저는 이런 분들도 희망을 잃지 않고, 수행을 이어가길 간절히 바랍니다.

만약 순전히 자신의 힘으로만 이 모든 것을 헤쳐 나가야 한다면, 그 고통은 너무나 극심할 것입니다. 그렇기에 『약사경』의 가르침은 더욱 중요합니다. 누구에게나 혼자의 힘으로 해결할 수 없는 문제가 있기 때문입니다.

다행히 석가모니 부처님께서 너무나도 자비로우셔서 우리에게 약사부처님에 대해 가르쳐 주셨습니다. 믿기 어려울 수도 있겠지만, 누구든 진정으로 약사부처님의 힘을 믿고 의지하면 어떤 문제나 장애도 극복할 수 있습니다. 그리고 결국 바른 수행의 길로 들어갈 수 있게 될 것입니다.

현안

2025.03.06.

「약사경」은 「불설약사여래본원경」의 줄임말로, 대표적으로는
당나라 현장 법사가 번역한 『약사유리광여래본원공덕경』,
의정 법사가 번역한 『약사유리광칠불본원공덕경』,
그리고 『관정경』 제12권에 수록된
『불설관정발제과죄생사득도경』 등이 있습니다.

차례

경전을 여는 게송, 개경게	14
서분	16
정종분	22
유통분	110
약사부처님을 찬탄하다, 약사찬	120
모든 업장을 뿌리째 뽑아버리다, 약사주	122
수행으로 지은 공덕을 나누다, 회향공덕	124

경전을 여는 게송

開經偈
개경게

더없이 높고, 깊고 깊은 미묘한 법,
백천만겁 지나도 만나기 어려워라.
이제 보고 듣고 받아 지니오니,
원하옵건대 여래의 진실한 뜻 알게 하소서.

無上甚深微妙法
무상심심미묘법

百千萬劫難遭遇
백천만겁난조우

我今見聞得受持
아금견문득수지

願解如來眞實義
원해여래진실의

서분

제 01 장

나는 이와 같이 들었다. 한번은 세존께서 여러 나라를 두루 다니며 중생들을 교화하시다가 광엄성^{廣嚴城}에 도착하여 즐거운 음악이 울려 퍼지는 나무 아래^{樂音}에 머무셨다. 대비구 스님 8천 명, 보살마하살 3만 6천 명, 그리고 국왕, 대신, 브라만, 거사들^{居士}, 천신^{天}, 용^{龍}, 야차^{藥叉}, 인간, 비인^{非人}* 등 무수히 많은 대중이 세존을 공경하며 둘러싸고 법을 들었다.

* 사람이 아닌 존재들

如是我聞

여시아문

一時 薄伽梵 遊化諸國 至廣嚴城 住樂音樹下

일시 박가범 유화제국 지광엄성 주락음수하

與大苾芻衆 八千人俱 菩薩摩訶薩 三萬六千

여대비구중 팔천인구 보살마하살 삼만육천

及 國王 大臣 婆羅門 居士 天 龍 藥叉 人 非人等

급 국왕 대신 바라문 거사 천 용 야차 인 비인등

無量大衆 恭敬圍繞 而爲說法

무량대중 공경위요 이위설법

그때, 문수사리법왕자께서 부처님의 위신력을 받아서 자리에서 일어나셨다. 한쪽 어깨를 드러내고, 오른 무릎을 땅에 대며, 부처님을 향해 몸을 굽히고 두 손을 합장하여 이렇게 말씀드렸다.

"세존이시여! 부디 여러 부처님의 명호, 본래 큰 서원, 뛰어난 공덕과 같은 법상을 설하시어, 이를 듣는 이들이 모든 업장을 소멸하게 하고, 상법시대의 모든 중생에게 이익과 기쁨을 주시기 바랍니다."

爾時 曼殊室利法王子 承佛威神 從座而起
이시 만수실리법왕자 승불위신 종좌이기

偏袒一肩 右膝著地 向薄伽梵 曲躬合掌
편단일견 우슬착지 향박가범 곡궁합장

白言
백언

世尊 惟願演說 如是相類 諸佛名號
세존 유원연설 여시상류 제불명호

及本大願 殊勝功德 令諸聞者 業障銷除
급본대원 수승공덕 영제문자 업장소제

爲欲利樂 像法轉時 諸有情故
위욕이락 상법전시 제유정고

그때, 세존께서 문수사리동자를 칭찬하시며 말씀하셨다.
"잘하였다! 잘하였다! 문수사리여, 네가 큰 자비로 나에게 여러 부처님의 명호, 본래 서원과 공덕을 설하라고 권청하였구나. 이는 업장에 얽매인 중생들을 구제하고, 상법시대 중생들에게 이익과 안락을 주기 위한 일이니 참으로 훌륭하구나. 이제 그대는 잘 듣고, 깊이 사유하라. 내가 그대를 위해 설하겠다."

문수사리가 아뢰었다.
"네, 부디 말씀해 주십시오. 저희들은 기쁘게 듣겠습니다!"

爾時 世尊 讚 曼殊室利 童子言

이시 세존 찬 만수실리 동자언

善哉 善哉 曼殊室利 汝以大悲 勸請我說

선재 선재 만수실리 여이대비 권청아설

諸佛名號 本願功德 爲拔業障 所纏有情 利益安樂

제불명호 본원공덕 위발업장 소전유정 이익안락

像法轉時 諸有情故 汝今諦聽 極善思惟 當爲汝說

상법전시 제유정고 여금제청 극선사유 당위여설

曼殊室利言

만수실리언

唯然願說 我等樂聞

유연원설 아등락문

정종분

제 0 2 장

부처님께서 문수사리에게 말씀하셨다.

"여기에서 동쪽으로, 열 개의 갠지스강의 모래알처럼 많은 불토를 지나면, 정유리淨琉璃*라는 세계가 있다. 그곳의 부처님은 약사유리광여래이며, 응정등각, 명행원만, 선서, 세간해, 무상장부, 조어사, 천인사, 불, 박가범이란 이름으로 불리신다. 문수사리여! 그 부처님 세존 약사유리광여래께서 보살도菩薩道를 행하실 때, 열두 가지 큰 서원을 세우셔서, 모든 중생이 원하는 바를 모두 이루도록 하셨다.

---

* 정유리는 동방정토의 이름이며, 청정한 유리 즉 푸른빛이 나는 보석을 의미한다.

佛告 曼殊室利

불고 만수실리

東方去此 過十殑伽沙等佛土 有世界 名淨琉璃

동방거차 과십긍가사등불토 유세계 명정유리

佛號 藥師琉璃光如來 應正等覺 明行圓滿

불호 약사유리광여래 응정등각 명행원만

善逝 世間解 無上丈夫 調御士 天人師 佛 薄伽梵

선서 세간해 무상장부 조어사 천인사 불 박가범

曼殊室利 彼佛世尊 藥師琉璃光如來 本行菩薩道時

만수실리 피불세존 약사유리광여래 본행보살도시

發十二大願 令諸有情 所求皆得

발십이대원 영제유정 소구개득

첫 번째 큰 서원:

내가 미래 세상에서 아뇩다라삼먁삼보리를 얻을 때, 내 몸이 광명을 발하여 한없이 밝게 빛나 헤아릴 수 없이 무량하고 무수하며 무변한 세계를 비추기를 서원한다. 또한 내 몸은 32대장부상相과 80수호隨好로 장엄하게 갖추어질 것이며, 모든 유정들 또한 나와 다르지 않을 것이다.

두 번째 큰 서원:

내가 미래 세상에서 보리를 얻을 때, 내 몸이 유리와 같이 안팎이 밝고 투명하며, 깨끗하여 티끌 하나 없고, 광명이 널리 퍼지며, 공덕이 높고 위대하리라. 내 몸은 바르게 안주하며, 빛나는 그물로 장엄하여 해와 달보다도 더 빛나리라. 어둠 속의 중생들이 모두 그 빛을 받아 깨우침開曉을 얻어, 원하는 바에 따라 나아가며 모든 일을 이루게 하리라.

第一大願

제일대원

願我來世 得阿耨多羅三藐三菩提時 自身光明

원아래세 득아뇩다라삼먁삼보리시 자신광명

熾然照曜 無量無數 無邊世界 以三十二大丈夫相

치연조요 무량무수 무변세계 이삼십이대장부상

八十隨好 莊嚴其身 令一切有情 如我無異

팔십수호 장엄기신 영일체유정 여아무이

第二大願

제이대원

願我來世 得菩提時 身如琉璃 內外明徹 淨無瑕穢

원아래세 득보리시 신여유리 내외명철 정무하예

光明廣大 功德巍巍 身善安住 焰網莊嚴 過於日月

광명광대 공덕위위 신선안주 염망장엄 과어일월

幽冥衆生 悉蒙開曉 隨意所趣 作諸事業

유명중생 실몽개효 수의소취 작제사업

세 번째 큰 서원:

내가 미래 세상에서 보리를 얻을 때, 무량무변한 지혜와 방편을 갖추어 모든 유정이 끊임없이 필요한 물품을 받아서 사용하게 되며, 중생들이 어떤 것도 부족함이 없게 하리라.

네 번째 큰 서원:

내가 미래 세상에서 보리를 얻을 때, 모든 유정이 삿된 길을 가더라도 모두 보리도* 가운데 안주케 하며, 만약 성문승이나 독각승의 수행을 하는 자가 있더라도 대승으로 인도하여 그곳에 안정시킬 것이다.

---

*   보리도는 깨달음의 길을 의미합니다.

第三大願

제삼대원

願我來世 得菩提時 以無量無邊 智慧方便 令諸有情

원아래세 득보리시 이무량무변 지혜방편 영제유정

皆得無盡 所受用物 莫令衆生 有所乏少

개득무진 소수용물 막령중생 유소핍소

第四大願

제사대원

願我來世 得菩提時 若諸有情 行邪道者 悉令安住

원아래세 득보리시 약제유정 행사도자 실령안주

菩提道中 若行聲聞 獨覺乘者 皆以大乘 而安立之

보리도중 약행성문 독각승자 개이대승 이안립지

다섯 번째 큰 서원:

내가 미래 세상에서 보리를 얻을 때, 무량무변한 유정들이 나의 법 안에서 범행梵行*을 수행하면, 삼취계三聚戒**를 완전하고 부족함 없이 갖추도록 하리라. 설사 계율을 파하고 범하는 일이 있어도 내 이름을 듣는다면 다시 청정을 얻어 악취惡趣***에 떨어지지 않게 하리라.

여섯 번째 큰 서원:

내가 미래 세상에서 보리를 얻을 때, 만약 어떤 유정이 몸이 열등하거나 여러 감각기관이 갖추어지지 않았다거나, 추하고 흉측하거나, 고집스럽고 어리석거나, 눈이 멀었거나 귀가 들리지 않거나, 벙어리, 절름발이, 굽은 등, 백창白瘡****, 미친 상태 등 온갖 질병과 고통을 겪을 수 있다. 그러나 내 이름을 들으면 모두 바로잡히고 총명하고 슬기로워지게 되며, 모든 감각기관은 완전해지고, 질병과 고통이 사라지게 될 것이다.

---

* 청정한 행을 뜻하며, 계율을 엄격히 지키는 것.
** 청정한 계율의 세 가지 범주.
*** 악취는 악업(惡業)을 지어서 죽은 뒤에 가야 하는 괴로움의 세계인 삼악도의 다른 명칭.
**** 백창이란 피부병을 의미하며, 여러 방식으로 외모를 흉하게 만듦.

第五大願

제오대원

願我來世 得菩提時 若有無量無邊有情

원아래세 득보리시 약유무량무변유정

於我法中 修行梵行 一切皆令 得不缺戒 具三聚戒

어아법중 수행범행 일체개령 득불결계 구삼취계

設有毀犯 聞我名已 還得淸淨 不墮惡趣

설유훼범 문아명이 환득청정 불타악취

第六大願

제육대원

願我來世 得菩提時 若諸有情 其身下劣 諸根不具

원아래세 득보리시 약제유정 기신하열 제근불구

醜陋 頑愚 盲 聾 瘖 瘂 攣 躄 背僂 白癩 癲狂

추루 완우 맹 농 음 아 전 척 배루 백래 전광

種種病苦 聞我名已 一切皆得 端正黠慧

종종병고 문아명이 일체개득 단정힐혜

諸根完具 無諸疾苦

제근완구 무제질고

일곱 번째 큰 서원:

내가 미래 세상에서 보리를 얻을 때, 어떤 유정들이 온갖 병으로 시달리며 구원도, 돌아갈 곳도 없고, 의사나 약도 없고, 친척이나 집도 없이 가난하고 고통이 많을 수 있다. 그때 나의 이름이 한 번이라도 귓가에 스치면 병이 모두 제거되고, 심신이 안락해질 것이다. 가족과 필요한 물품도 모두 풍족해지고, 궁극적으로 무상보리를 증득할 것이다.

여덟 번째 큰 서원:

내가 미래 세상에서 보리를 얻을 때, 만약 어떤 여자가 여자의 백 가지 악한 문제에 시달려 극도로 싫어하고 여자의 몸을 버리고 싶을 수 있다. 그때 내 이름을 들으면 모든 이가 남성으로 전환되어 남자의 상을 갖추게 되고, 궁극적으로 무상보리無上菩提*를 증득하게 될 것이다.

---

* 무상보리는 최상의 깨달음(Unsurpassed Buddha Way)을 의미.

第七大願

제칠대원

願我來世 得菩提時 若諸有情 衆病逼切

원아래세 득보리시 약제유정 중병핍절

無救無歸 無醫無藥 無親無家 貧窮多苦

무구무귀 무의무약 무친무가 빈궁다고

我之名號 一經其耳 病悉得除 身心安樂

아지명호 일경기이 병실득제 신심안락

家屬資具 悉皆豐足 乃至證得 無上菩提

가속자구 실개풍족 내지증득 무상보리

第八大願

제팔대원

願我來世 得菩提時 若有女人 為女百惡 之所逼惱

원아래세 득보리시 약유여인 위녀백악 지소핍뇌

極生厭離 願捨女身 聞我名已 一切皆得 轉女成男

극생염리 원사여신 문아명이 일체개득 전여성남

具丈夫相 乃至證得 無上菩提

구장부상 내지증득 무상보리

아홉 번째 큰 서원:

내가 미래 세상에서 보리를 얻을 때, 모든 유정이 마군의 올가미에서 벗어나 외도外道의 얽힘에서 해방되게 하며, 만약 여러 악견惡見의 숲에 빠지더라도, 모두 마땅히 이끌어 바른 견해로 데려다 놓을 것이다. 점차 보살행을 배우고 익히게 하여, 빠르게 무상정등보리를 증득할 것이다.

열 번째 큰 서원:

내가 미래 세상에서 보리를 얻을 때, 만약 어떤 유정이 왕법을 어겨서 등재되어, 결박되고 채찍질 당하고, 감옥에 갇히게 된다면, 또는 처벌받거나 그 외에도 수많은 재난과 능욕을 당하여, 슬픔과 비애로 몹시 괴롭고, 몸과 마음이 고통을 겪을 수 있다. 그때 내 이름을 듣게 된다면, 내 공덕과 위신력을 통해 모든 근심과 고통에서 해탈하게 될 것이다.

第九大願

제구대원

願我來世 得菩提時 令諸有情 出魔羂網

원아래세 득보리시 영제유정 출마견망

解脫一切 外道纏縛 若墮種種 惡見稠林 皆當引攝

해탈일체 외도전박 약타종종 악견조림 개당인섭

置於正見 漸令修習 諸菩薩行 速證無上 正等菩提

치어정견 점령수습 제보살행 속증무상 정등보리

第十大願

제십대원

願我來世 得菩提時 若諸有情 王法所錄

원아래세 득보리시 약제유정 왕법소록

縲縛鞭撻 繫閉牢獄 或當刑戮

루박편달 계폐뢰옥 혹당형륙

及餘無量 災難凌辱 悲愁煎迫 身心受苦

급여무량 재난릉욕 비수전박 신심수고

若聞我名 以我福德 威神力故 皆得解脫 一切憂苦

약문아명 이아복덕 위신력고 개득해탈 일체우고

열한 번째 큰 서원:

내가 미래 세상에서 보리를 얻을 때, 어떤 유정은 굶주림과 갈증에 시달려 먹을 것을 구하기 위해 악업을 지을 수 있다. 그때 내 이름을 듣고 오로지 집중하여 받아 지닌다면^{專念受持}, 나는 우선 최고로 훌륭한 음식으로 그들의 몸을 배불리 채워줄 것이다. 그 후에 법의 맛으로 마침내 진정한 안락함을 얻게 하여 그들을 올바르게 세울 것이다.

열두 번째 큰 서원:

내가 미래 세상에서 보리를 얻을 때, 만약 어떤 유정이 가난하여 의복이 없어서, 모기와 파리, 추위와 더위에 시달리며 낮과 밤으로 괴로울 때, 내 이름을 듣고 오로지 집중해서 받아 지닌다면, 자신이 원하는 대로 여러 최상의 묘한 옷을 얻게 되며, 또한 모든 보배로운 장엄을 갖추고, 꽃장식, 바르는 향, 북과 악기, 여러 기예를 얻고, 마음이 원하는 대로 즐기고, 모두가 만족할 것이다.

第十一大願

제십일대원

願我來世 得菩提時 若諸有情 飢渴所惱

원아래세 득보리시 약제유정 기갈소뇌

爲求食故 造諸惡業 得聞我名 專念受持 我當先以

위구식고 조제악업 득문아명 전념수지 아당선이

上妙飮食 飽足其身 後以法味 畢竟安樂 而建立之

상묘음식 포족기신 후이법미 필경안락 이건립지

第十二大願

제십이대원

願我來世 得菩提時 若諸有情 貧無衣服

원아래세 득보리시 약제유정 빈무의복

蚊虻寒熱 晝夜逼惱 若聞我名 專念受持 如其所好

문맹한열 주야핍뇌 약문아명 전념수지 여기소호

卽得種種 上妙衣服 亦得一切 寶莊嚴具 華鬘塗香

즉득종종 상묘의복 역득일체 보장엄구 화만도향

鼓樂衆伎 隨心所翫 皆令滿足

고악중기 수심소완 개령만족

문수사리여!

이것이 세존 약사유리광여래 응정등각께서 보살도를 행할 때 세우신 열두 가지 미묘하고 높은 서원이다.

게다가 문수사리여, 세존 약사유리광여래께서 보살도를 행할 때 세웠던 큰 서원과 불토의 공덕 장엄은, 내가 한 겁 혹은 그 이상의 시간에 걸쳐서 말해도 능히 다 설명할 수 없을 것이다.

그 불토는 한결같이 청정하여, 여인도 없고 악취^{惡趣}도 없으며, 괴로워하는 음성도 없다. 그리고 유리로 된 땅, 황금줄로 경계를 친 도로가 있고, 성, 궁궐, 누각, 창문과 나망 등은 모두 칠보^{七寶}로 이루어져 있다. 또한 서방 극락세계와 똑같은 공덕으로 장엄되어 있어서 평등하여 다르지 않다.

曼殊室利 是爲彼世尊 藥師琉璃光如來 應正等覺
만수실리 시위피세존 약사유리광여래 응정등각

行菩薩道時 所發十二 微妙上願
행보살도시 소발십이 미묘상원

復次 曼殊室利 彼世尊 藥師琉璃光如來
부차 만수실리 피세존 약사유리광여래

行菩薩道時 所發大願 及彼佛土 功德莊嚴
행보살도시 소발대원 급피불토 공덕장엄

我若一劫 若一劫餘 說不能盡
아약일겁 약일겁여 설불능진

然彼佛土 一向淸淨 無有女人 亦無惡趣 及苦音聲
연피불토 일향청정 무유여인 역무악취 급고음성

琉璃爲地 金繩界道 城 闕 宮 閣 軒 窓 羅網
유리위지 금승계도 성 궐 궁 각 헌 창 라망

皆七寶成 亦如西方 極樂世界 功德莊嚴 等無差別
개칠보성 역여서방 극락세계 공덕장엄 등무차별

그 나라에는 보살마하살 두 분이 계신데, 한 분은 일광변조라 하고, 다른 한 분은 월광변조라 이름한다. 그분들은 무수히 많은 보살 중에서 가장 높은 위치에 계시고, 약사부처님의 뒤를 이을 것이다. 그리고 둘 다 세존 약사유리광여래의 정법보장을 지니고 있다. 그러므로 문수사리여! 신심이 있는 선남자와 선여인들은 모두 마땅히 그 부처님의 세계에 태어나기를 서원해야 한다."

於其國中 有二菩薩摩訶薩

어기국중 유이보살마하살

一名 日光遍照 二名 月光遍照 是彼無量無數

일명 일광변조 이명 월광변조 시피무량무수

菩薩衆之上首 悉能持彼世尊 藥師琉璃光如來 正法寶藏

보살중지상수 실능지피세존 약사유리광여래 정법보장

是故 曼殊室利

시고 만수실리

諸有信心 善男子 善女人等 應當願生 彼佛世界

제유신심 선남자 선여인등 응당원생 피불세계

그때, 세존께서는 다시 문수사리동자에게 말씀하셨다.

"문수사리여! 어떤 중생들은 선악을 알지 못하고, 오직 탐욕과 시기만을 품고 있으며, 보시와 그 과보에 대해 알지 못한다. 우치하고 무지하며, 신심의 뿌리가 부족해서 많은 재물을 모아 열심히 지키고만 있다. 또한 구걸하는 이가 오면 그 마음이 기쁘지 않고, 마지못해 억지로 보시를 행할 때도 마치 자기 살을 베는 것처럼 깊은 고통을 느낀다.

爾時 世尊復告 曼殊室利 童子言

이시 세존부고 만수실리 동자언

曼殊室利 有諸衆生 不識善惡 唯懷貪悋

만수실리 유제중생 불식선악 유회탐린

不知布施 及施果報 愚癡無智 闕於信根 多聚財寶

불지보시 급시과보 우치무지 궐어신근 다취재보

勤加守護 見乞者來 其心不喜

근가수호 견걸자래 기심불희

設不獲已 而行施時 如割身肉 深生痛惜

설불획이 이행시시 여할신육 심생통석

또한 인색하고 탐욕스러운 유정들이 셀 수 없이 많은데, 이런 자들은 재물을 모으지만, 자신에게조차 쓰지 않고 아낀다. 그러니 하물며 부모, 아내, 자식, 하인, 일을 시키는 사람이나 구걸하는 이들에게 나누어 줄 수 있겠는가? 그러한 중생들은 이번 생을 마친 후, 아귀의 세계로 태어나거나, 혹은 축생 등의 길로 가게 된다.

옛날 인간 세상에서, 한때 약사유리광여래의 명호를 잠깐이라도 들었던 적이 있다면, 지금 악도에 있어도 잠시 그 여래의 이름을 떠올리게 된다. 그러면 즉시 그곳에서 벗어나 다시 인간들 사이에 환생할 수 있다. 그런 사람은 지난 생의 기억宿命을 얻게 되어, 악도의 고통을 두려워하며 욕락을 즐기지 않고, 오히려 자비롭게 베풀기를 좋아하게 된다. 또한 보시하는 이를 찬탄하고, 소유한 모든 것을 탐착하거나 아끼지 않으며 점차 머리, 눈, 손발, 피와 살 그리고 몸까지 구하는 이에게 베풀 수 있게 되니, 하물며 다른 재물은 어떻겠는가?

復有無量 慳貪有情 積集資財 於其自身 尙不受用
부유무량 간탐유정 적집자재 어기자신 상불수용
何況能與 父母 妻子 奴婢 作使 及來乞者
하황능여 부모 처자 노비 작사 급래걸자
彼諸有情 從此命終 生餓鬼界 或傍生趣
피제유정 종차명종 생아귀계 혹방생취

由昔人間 曾得蹔聞 藥師琉璃光 如來名故
유석인간 증득잠문 약사유리광 여래명고
今在惡趣 暫得憶念 彼如來名 卽於念時 從彼處沒
금재악취 잠득억념 피여래명 즉어념시 종피처몰
還生人中 得宿命念 畏惡趣苦 不樂欲樂 好行惠施
환생인중 득숙명념 외악취고 불락욕락 호행혜시
讚歎施者 一切所有 悉無貪惜
찬탄시자 일체소유 실무탐석
漸次尙能 以頭目手足 血肉身分 施來求者 況餘財物
점차상능 이두목수족 혈육신분 시래구자 황여재물

다시 말하자면, 문수사리여! 여러 유정이 비록 여래로부터 여러 학처^{學處}를 받았음에도 불구하고, 시라^{尸羅}*를 깨는 경우가 있다. 또는 계율을 어기지 않았지만 궤칙**을 어기는 경우가 있다. 계율과 규범을 어기지 않았지만, 정견을 훼손하는 경우가 있다. 정견을 훼손하지 않았더라도, 많이 듣기^{多聞}***를 게을리하고, 부처님이 말씀하신 경전의 깊은 뜻을 이해하지 못하는 자들도 있다. 또 많이 들었음에도 증상만^{增上慢}이 생기고, 증상만으로 마음이 가려져 자신이 옳다고 여기고 다른 이들을 비난하거나, 정법을 비방하고 마구니의 무리와 동료가 된다.

---

* 시라는 산스크리트어 용어로 쉴라라고도 부르며, 악과 실수를 방지하는 도덕적 계율을 의미.
** 불교 공동체나 수행 기관에서 공동체 질서를 유지하기 위해 정한 실천적 규범. 예를 들어 공양 시간, 생활 규범.
*** 다문을 직역하면 많이 듣다이고, 정견다문 즉 바른 견해를 많이 듣는다는 것을 의미.

復次 曼殊室利

부차 만수실리

若諸有情 雖於如來 受諸學處 而破尸羅

약제유정 수어여래 수제학처 이파시라

有雖不破尸羅 而破軌則

유수불파시라 이파궤칙

有於尸羅軌則 雖得不壞 然毀正見

유어시라궤칙 수득불괴 연훼정견

有雖不毀正見 而棄多聞 於佛所說 契經深義 不能解了

유수불훼정견 이기다문 어불소설 계경심의 불능해료

有雖多聞 而增上慢 由增上慢 覆蔽心故

유수다문 이증상만 유증상만 복폐심고

自是非他 嫌謗正法 爲魔伴黨

자시비타 혐방정법 위마반당

이와 같은 어리석은 자는 스스로 삿된 견해에 따라 행하며, 또한 무수한 유정도 크고 위험한 구덩이에 빠지게 만든다. 이러한 유정들은 모두 지옥, 축생, 아귀의 길에서 끝없이 윤회流轉하게 되는 것이다. 그들도 이 약사유리광여래의 명호를 듣게 된다면, 즉시 악행을 버리고 모든 선한 법善法을 닦아서, 악한 길에 떨어지지 않게 된다. 비록 악행을 모두 버리지 못하더라도 선법을 수행하면, 악도에 떨어진 자도 약사유리광여래의 본래 서원과 위력으로 잠시 그 명호를 듣게 되어 이번 생이 다할 때 다시 인간의 길로 환생할 수 있게 된다.

如是愚人 自行邪見 復令無量 俱胝有情 墮大險坑
여시우인 자행사견 복령무량 구지유정 타대험갱

此諸有情 應於地獄 傍生 鬼趣 流轉無窮
차제유정 응어지옥 방생 귀취 유전무궁

若得聞 此藥師琉璃光 如來名號 便捨惡行 修諸善法
약득문 차약사유리광 여래명호 변사악행 수제선법

不墮惡趣 設有不能 捨諸惡行 修行善法 墮惡趣者
불타악취 설유불능 사제악행 수행선법 타악취자

以彼如來 本願威力 令其現前 暫聞名號
이피여래 본원위력 령기현전 잠문명호

從彼命終 還生人趣
종피명종 환생인취

또한 정견을 얻고 정진하고, 마음의 기쁨을 잘 조절하면 곧 집을 떠나 출가하여 세속을 벗어날 수 있다. 여래의 법 가운데 학처를 받아 지니며, 훼손하거나 어기는 일이 없게 될 것이다. 정견을 갖추고 많이 들으면^{多聞}, 깊은 뜻을 잘 이해하여 증상만을 떠나게 된다. 또한 정법을 비방하지 않고, 마왕의 편에 서지 않게 되어 점차 모든 보살행을 수행해서, 속히 원만함을 얻게 된다.

또한 문수사리여! 어떤 중생은 탐욕, 시기, 질투에 사로잡혀 스스로 자랑하며 남을 비방하여 삼악취에 빠지게 되고 무량한 천 년 동안 극심한 고통을 받게 될 것이다. 그러면 극심한 고통을 받은 후 그 생이 끝나서 다시 인간 세상에 태어나도 소, 말, 낙타, 당나귀로 태어나 항상 채찍으로 맞게 된다. 또한 굶주림과 갈증에 시달리면서 늘 짐을 지고 길을 따라가게 된다. 혹은 인간의 위치를 얻더라도 하천한 곳에 태어나 다른 사람의 노비가 되어, 구속과 부림을 당하며 늘 자재롭지* 못할 것이다.

---

* 자재(自在)는 스스로 존재한다는 의미. 자유롭고 편안한 상태.

得正見精進 善調意樂 便能捨家 趣於非家
득정견정진 선조의락 변능사가 취어비가

如來法中 受持學處 無有毁犯
여래법중 수지학처 무유훼범

正見多聞 解甚深義 離增上慢 不謗正法 不爲魔伴
정견다문 해심심의 이증상만 불방정법 불위마반

漸次修行 諸菩薩行 速得圓滿
점차수행 제보살행 속득원만

復次 曼殊室利 若諸有情 慳貪嫉妬 自讚毁他
부차 만수실리 약제유정 간탐질투 자찬훼타

當墮三惡趣中 無量千歲 受諸劇苦
당타삼악취중 무량천세 수제극고

受劇苦已 從彼命終 來生人間 作牛 馬 駝 驢
수극고이 종피명종 내생인간 작우 마 타 려

恒被鞭撻 飢渴逼惱 又常負重 隨路而行
항피편달 기갈핍뇌 우상부중 수로이행

或得爲人 生居下賤 作人奴婢 受他驅役 恒不自在
혹득위인 생거하천 작인노비 수타구역 항불자재

예전에 인간들 사이에 있는 동안, 한때 세존 약사유리광여래의 명호를 들었다면, 그 선한 인연으로 지금 다시 기억하고, 지심으로 귀의하게 된다. 그러면 약사부처님의 신력神力*으로 여러 고통에서 해탈하게 되고 모든 감각기관이 밝고 예리해져서, 지혜롭고 다문多聞하며 항상 최고의 법을 구하고 늘 선한 벗을 만날 것이다. 또한 영원히 마구니의 그물을 끊고 무명의 어두움을 깨뜨려 번뇌의 강은 마르고 생로병사, 걱정과 슬픔, 고통과 번뇌에서 모두 해탈하게 된다.

* 신력이란 영적인 힘을 의미하며, 보통 부처님의 것은 위신력이라고 표현함.

若昔人中 曾聞世尊 藥師琉璃光 如來名號
약석인중 증문세존 약사유리광 여래명호

由此善因 今復憶念 至心歸依
유차선인 금부억념 지심귀의

以佛神力 衆苦解脫 諸根聰利 智慧多聞
이불신력 중고해탈 제근총리 지혜다문

恒求勝法 常遇善友 永斷魔羂 破無明殼
항구승법 상우선우 영단마견 파무명각

竭煩惱河 解脫一切 生老病死 憂悲苦惱
갈번뇌하 해탈일체 생노병사 우비고뇌

또한 문수사리여! 어떤 유정들은 서로 멀리 떨어지길 좋아하고, 서로 소송하고, 자신과 타인을 괴롭히고 혼란스럽게 한다. 이들은 몸, 언어와 마음으로 점점 더 많은 악업을 짓게 된다. 그리고 계속해서 이롭지 못한 일로 항상 서로 해치기 위해서 도모한다. 산림과 무덤 등지에 있는 신들에게 고하고, 여러 생명체를 죽여서 그 피와 살로 야차와 나찰 등에게 제사를 지낸다. 원한 있는 사람들의 이름을 적고 그 사람들의 형상을 만들어 악한 주술을 이용하여 저주하고 괴롭힌다. 사악한 마법에 의지하여 죽은 자의 시체屍鬼을 일으켜 상대의 목숨을 끊고, 그 몸도 망가뜨리도록 명령한다.

復次 曼殊室利 若諸有情 好憙乖離 更相鬪訟
부차 만수실리 약제유정 호희괴리 갱상투송

惱亂自他 以身語意 造作增長 種種惡業
뇌란자타 이신어의 조작증장 종종악업

展轉常爲 不饒益事 互相謀害
전전상위 불요익사 호상모해

告召山林 樹塚等神
고소산림 수총등신

殺諸衆生 取其血肉 祭祀藥叉 羅剎娑等
살제중생 취기혈육 제사야차 나찰소등

書怨人名 作其形像 以惡呪術 而呪詛之
서원인명 작기형상 이악주술 이주저지

厭媚蠱道 呪起屍鬼 令斷彼命 及壞其身
염미고도 주기시귀 영단피명 급괴기신

하지만 이러한 모든 유정도 약사유리광여래의 명호를 듣게 된다면, 그러한 모든 악한 일들이 자신에게 전혀 해를 끼칠 수 없게 된다. 도리어 모든 일이 바뀌어 차례차례 자비로운 마음이 일어나고, 이익과 안락을 가져오며, 해를 끼치거나 괴롭힐 뜻이 없어지고, 싫어하고 원망하는 마음도 없어질 것이다. 각자 기뻐하며 자신이 받은 삶에 대해 기쁨과 만족을 느끼게 된다. 서로 침해하거나 억압하지 않고, 서로에게 이익이 될 것이다.

是諸有情 若得聞 此藥師琉璃光 如來名號 彼諸惡事
시제유정 약득문 차약사유리광 여래명호 피제악사

悉不能害
실불능해

一切展轉 皆起慈心 利益安樂 無損惱意
일체전전 개기자심 이익안락 무손뇌의

及嫌恨心 各各歡悅 於自所受 生於喜足 不相侵凌
급혐한심 각각환열 어자소수 생어희족 불상침릉

互爲饒益
호위요익

또한 문수사리여, 만약 비구, 비구니, 우바새, 우바이 사부대중과 청정한 믿음을 가진 선남자, 선여인들이 능히 팔분재계^{八分齋戒}를 받아 지닐 수 있어^{受持}, 1년 동안 혹은 3개월 동안 학처를 받아 지닐 수 있다. 그러면 그 선근으로 서방 극락세계 무량수 부처님께서 계시는 곳에 태어나 정법을 듣고 따르길 서원할 수 있다. 하지만 그것이 아직 미정인 자는 세존 약사유리광여래의 명호를 듣는다면, 임종의 순간에 여덟 명의 보살^{八大菩薩}께서 신통을 타고 와서 길을 보여줄 것이다.

復次 曼殊室利

부차 만수실리

若有四衆 苾芻 苾芻尼 鄔波索迦 鄔波斯迦

약유사중 비구 비구니 우파사카 우파시카

及餘淨信 善男子 善女人等 有能受持 八分齋戒

급여정신 선남자 선여인등 유능수지 팔분재계

或經一年 或復三月 受持學處

혹경일년 혹부삼월 수지학처

以此善根 願生西方 極樂世界 無量壽佛 所聽聞正法

이차선근 원생서방 극락세계 무량수불 소청문정법

而未定者 若聞世尊 藥師琉璃光 如來名號 臨命終時

이미정자 약문세존 약사유리광 여래명호 임명종시

有八菩薩 乘神通來 示其道路

유팔보살 승신통래 시기도로

문수보살, 관세음보살, 대세지보살, 무진의보살, 보단화보살, 약왕보살, 약상보살, 미륵보살, 이 여덟 보살께서 신통으로 가야 할 길을 보여주시고, 즉시 그 세계의 온갖 색상의 보배꽃들 속에서 자연스럽게 화생하게 될 것이다.

文殊菩薩 觀世音菩薩 大勢至菩薩 無盡意菩薩

문수보살 관세음보살 대세지보살 무진의보살

寶檀華菩薩 藥王菩薩 藥上菩薩 彌勒菩薩

보단화보살 약왕보살 약상보살 미륵보살

有八菩薩 乘神通來 示其道路

유팔보살 승신통래 시기도로

卽於彼界 種種雜色 衆寶花中 自然化生

즉어피계 종종잡색 중보화중 자연화생

혹은 이로 인해 천상에 태어날 수 있지만, 천상에 태어나더라도 본래의 선근이 다하지 않아서 다시는 다른 악도에 태어나지 않게 된다. 천상의 수명이 다하면 다시 인간 세계에 태어나거나, 혹은 전륜왕이 되어 사대주를 통치하며, 위덕과 자재함으로 수없이 많은 유정을 십선도에 정착시키게 된다. 혹은 찰제리^{刹帝利}, 브라만, 거사와 같은 대가문으로 태어나 많은 재물과 보물이 있고, 창고는 가득 차 넘치며, 모습이 단정하고 위엄 있고, 권속이 온전하며, 총명하고 지혜로우며, 용기와 위엄이 있는 대력사^{大力士}와 같이 된다. 만약 여인이 세존 약사여래의 명호를 듣고, 지심^{至心}으로 받아 지니면, 이후 다시는 여자의 몸을 받지 않게 된다.

或有因此 生於天上 雖生天中

혹유인차 생어천상 수생천중

而本善根 亦未窮盡 不復更生 諸餘惡趣

이본선근 역미궁진 불부갱생 제여악취

天上壽盡 還生人間 或為輪王 統攝四洲 威德自在

천상수진 환생인간 혹위륜왕 통섭사주 위덕자재

安立無量 百千有情 於十善道 或生刹帝利 婆羅門 居士大家

안립무량 백천유정 어십선도 혹생찰제리 바라문 거사대가

多饒財寶 倉庫盈溢 形相端嚴 眷屬具足

다요재보 창고영일 형상단엄 권속구족

聰明智慧 勇健威猛 如大力士

총명지혜 용건위맹 여대력사

若是女人 得聞世尊 藥師如來名號

약시여인 득문세존 약사여래명호

至心受持 於後不復 更受女身

지심수지 어후불부 갱수여신

또한 문수사리여! 약사유리광여래께서 보리^{菩提}를 얻으셨을 때, 본래 서원의 힘으로 모든 유정을 살펴보시니, 여러 질병과 고통을 겪는 이들을 보았다. 여윔병, 황열 등 각종 질병이나, 혹은 요괴나 악귀에 홀리거나, 가위눌림을 당하거나, 저주와 독에 중독되기도 했다. 혹은 단명하거나, 횡사^{橫死}*를 맞이한 이들도 있었다. 그래서 이러한 병과 고통이 소멸하게 하고, 그들이 원하는 바가 이루어지기를 원하셨다.

그때, 그 세존께서 '일체 중생의 고뇌를 모두 소멸'이라 불리는 삼마지**에 들어가셨다. 세존께서 입정하신 후, 정수리^{肉髻}에서 큰 광명이 나왔는데, 그 빛 속에서 대다라니를 말씀하셨다.

*   때 아닌 갑작스러운 죽음을 의미.
** 삼마지는 사마디 또는 삼매라고도 불림.

復次 曼殊室利 彼藥師 琉璃光如來 得菩提時

부차 만수실리 피약사 유리광여래 득보리시

由本願力 觀諸有情 遇衆病苦 瘦攣乾消 黃熱等病

유본원력 관제유정 우중병고 수련건소 황열등병

或被魘魅 蠱毒所中 或復短命 或時橫死

혹피염매 고독소중 혹부단명 혹시횡사

欲令是等 病苦消除 所求願滿

욕령시등 병고소제 소구원만

時彼世尊 入三摩地 名曰除滅 一切衆生苦惱

시피세존 입삼마지 명왈제멸 일체중생고뇌

旣入定已 於肉髻中 出大光明 光中演說

기입정이 어육계중 출대광명 광중연설

大陀羅尼曰

대다라니왈

약사진언

藥師眞言

南謨薄伽伐帝 鞞殺社窶嚕 薜琉璃 缽喇婆 喝囉闍也 怛他揭多耶 阿囉喝帝 三藐三勃陀耶 怛姪他 唵 鞞殺逝 鞞殺逝 鞞殺社 三沒揭帝莎訶

나모보체파디 비샤셔 쥐루비류리 보라포 허라셔예 다퉈제둬예 어라허디 산먁싼푸퉈예 다즈퉈 안 비샤스 비샤스 비샤셔 샨모제 디쉬허*

* 이 다라니는 산스크리트어를 한문으로 음역한 것이며, 한글 표기는 현재 위앙종 도량에서 실제 수행에 사용되는 발음을 기준으로 가장 유사하게 표기하였습니다.

그때, 그 광명 속에서 이 주문을 말씀하시자, 대지가 진동하고 큰 광명이 방출되었다. 그러자 모든 중생의 병과 고통이 다 사라지고, 편안하고 조용한 즐거움을 받게 되었다.

문수사리여, 만약 병이나 괴로움을 겪고 있는 남자나 여인을 본다면, 그 병자를 위해 일심으로 항상 청정하게 목욕하고, 입을 헹구게 도와주어야 한다. 혹은 음식이나 약, 벌레 없는 물에 이 주문을 108번 외워서 마시게 하면, 모든 병고가 다 소멸하게 될 것이다. 만약 어떤 바라는 바가 있을 때도, 이 주문을 지극한 마음으로 염송하면 모두 그와 같이 이루어질 것이다. 또한 병이 없고 수명이 길어지며, 명이 다한 후에는 그 부처님의 세계에 태어나서 불퇴전不退轉을 얻어, 결국 보리에 이를 것이다. 그러므로 문수사리여, 어떤 남자나 여인이 약사유리광여래께 지극한 마음으로 간절히至心殷重 공경하며 공양한다면, 항상 이 주문을 지니고 잊지 않도록 하여야 한다.

爾時 光中 說此咒已 大地震動 放大光明
이시 광중 설차주이 대지진동 방대광명

一切衆生 病苦皆除 受安隱樂
일체중생 병고개제 수안은락

曼殊室利 若見男子女人 有病苦者
만수실리 약견남자여인 유병고자

應當一心 爲彼病人 常淸淨澡漱
응당일심 위피병인 상청정조수

或食或藥 或無蟲水 咒一百八遍 與彼服食 所有病苦
혹식혹약 혹무충수 주일백팔편 여피복식 소유병고

悉皆消滅 若有所求 至心念誦 皆得如是 無病延年
실개소멸 약유소구 지심염송 개득여시 무병연년

命終之後 生彼世界 得不退轉 乃至菩提
명종지후 생피세계 득불퇴전 내지보리

是故 曼殊室利 若有男子女人 於彼藥師 琉璃光如來
시고 만수실리 약유남자여인 어피약사 유리광여래

至心殷重 恭敬供養者 常持此咒 勿令廢忘
지심은중 공경공양자 상지차주 물령폐망

다시 말하건대, 문수사리여, 만약 청정한 믿음을 가진 선남자, 선여인이 약사유리광여래 응정등각의 명호를 듣고서 그 명호를 모두 외워 지니며, 새벽에 치목*으로 이를 닦고, 몸과 입을 깨끗이 씻고, 갖은 향기로운 꽃, 피우는 향, 바르는 향, 온갖 풍악을 준비하여 그 부처님의 형상에 공양을 올려야 한다. 이 경전을 스스로 베끼거나 혹은 남을 시켜 쓰게 하고, 일심으로 받아 지녀야 한다. 또 그 이치를 듣고, 그 법사께도 마땅히 공양해야 한다. 또한 그의 몸을 유지하는 모든 필요한 물품을 다 보시하여 모자람이 없도록 해야 한다. 이렇게 하면 곧 모든 부처님의 호념^{護念}을 입어, 원하는 모든 소원이 이루어지고 결국 보리에 이를 것이다."

---

* 치목은 부처님 시대의 양치도구로, 양지나무로 만들어 한쪽을 씹어 사용했음.

復次 曼殊室利

부차 만수실리

若有淨信 男子女人 得聞藥師 琉璃光如來 應正等覺

약유정신 남자여인 득문약사 유리광여래 응정등각

所有名號 聞已誦持 晨嚼齒木 澡漱清淨

소유명호 문이송지 신작치목 조수청정

以諸香華 燒香塗香 作衆伎樂 供養形像

이제향화 소향도향 작중기악 공양형상

於此經典 若自書 若教人書 一心受持

어차경전 약자서 약교인서 일심수지

聽聞其義 於彼法師 應修供養

청문기의 어피법사 응수공양

一切所有 資身之具 悉皆施與 勿令乏少

일체소유 자신지구 실개시여 물령핍소

如是便蒙 諸佛護念 所求願滿 乃至菩提

여시편몽 제불호념 소구원만 내지보리

그때 문수사리동자는 부처님께 말씀드렸다.

"세존이시여, 제가 상법시대에 온갖 방편으로 청정한 믿음을 지닌 선남자, 선여인들이 세존 약사유리광여래의 명호를 듣게 하고, 심지어 잠결에서라도 그 부처님의 명호를 듣고, 그 귀로 깨닫게 하겠습니다.

爾時 曼殊室利 童子白佛言

이시 만수실리 동자백불언

世尊 我當誓於 像法轉時 以種種方便

세존 아당서어 상법전시 이종종방편

令諸淨信 善男子 善女人等 得聞世尊

령제정신 선남자 선여인등 득문세존

藥師琉璃光 如來名號 乃至睡中 亦以佛名 覺悟其耳

약사유리광 여래명호 내지수중 역이불명 각오기이

세존이시여! 만약 이 경전을 받들어 지니고 독송하거나, 다른 사람을 위해 설명하고 펼쳐 밝힌다면^{開示}, 또는 스스로 쓰거나 다른 사람에게 쓰도록 가르친다면, 또 이 경전을 공경하고 존중하여 온갖 꽃과 향, 바르는 향, 태우는 향, 화환, 영락, 깃발과 덮개, 악기 등을 사용하여 공양을 올릴 수 있습니다. 오색 비단으로 주머니를 만들어 담고, 깨끗한 장소를 쓸고 씻어, 높은 자리를 마련하여 이 경전을 안치하면, 그때 사대천왕과 그 권속, 그리고 그 외의 수많은 천군이 모두 그곳에 와서 공양하고 수호할 것입니다.

世尊 若於此經 受持讀誦 或復爲他 演說開示
세존 약어차경 수지독송 혹부위타 연설개시

若自書 若敎人書 恭敬尊重 以種種花香 塗香
약자서 약교인서 공경존중 이종종화향 도향

末香 燒香 花鬘 瓔珞 幡蓋 伎樂 而爲供養
말향 소향 화만 영락 번개 기악 이위공양

以五色綵 作囊盛之 掃灑淨處 敷設高座 而用安處
이오색채 작낭성지 소쇄정처 부설고좌 이용안처

爾時 四大天王 與其眷屬 及餘無量 百千天衆
이시 사대천왕 여기권속 급여무량 백천천중

皆詣其所 供養守護
개예기소 공양수호

세존이시여! 만약 이 경전의 보배가 유통되는 곳에서, 이 경전을 받아 지니는 자가 있다면, 세존 약사유리광여래의 본원 공덕으로 사람들은 그의 명호를 듣게 될 것입니다. 그곳에서 다시는 갑작스러운 죽음^{橫死}이 일어나지 않음을 알아야 합니다. 또한 악한 귀신들이 정수를 빼앗는 일도 없을 것이며, 만약 이미 빼앗겼다 하더라도, 다시 원래대로 회복되어 몸과 마음이 안락할 것입니다."

世尊 若此經寶 流行之處 有能受持

세존 약차경보 류행지처 유능수지

以彼世尊 藥師琉璃光 如來本願功德 及聞名號

이피세존 약사유리광 여래본원공덕 급문명호

當知是處 無復橫死 亦復不為 諸惡鬼神 奪其精氣

당지시처 무부횡사 역부불위 제악귀신 탈기정기

設已奪者 還得如故 身心安樂

설이탈자 환득여고 신심안락

부처님께서 문수사리에게 말씀하셨다.

"그래! 그래! 그대가 말한 대로다. 문수사리여, 만약 청정한 믿음이 있는 선남자와 선여인들이 세존 약사유리광여래께 공양하고자 한다면, 먼저 그 부처님의 형상을 세우고, 청정한 자리를 마련하여 그곳에 안치해야 한다. 다양한 꽃을 흩뿌리고, 온갖 향을 태우며, 여러 당번幢幡*을 세워 그 자리를 장엄해야 한다. 일곱 낮 일곱 밤 동안 팔분재계를 받아 지키고, 청정식을 먹으며, 향기롭고 깨끗하게 목욕하고, 깨끗한 새 옷을 입어야 한다. 마땅히 마음이 오염되지 않고, 분노와 해로운 생각이 없어야 하며, 모든 유정에게 이익과 안락, 자비와 희사, 평등한 마음을 일으켜야 한다.

---

* 당번은 불교에서 쓰는 장엄구이며, 깃발과 번기를 의미.

佛告 曼殊室利 如是 如是 如汝所說

불고 만수실리 여시 여시 여여소설

曼殊室利 若有淨信 善男子 善女人等

만수실리 약유정신 선남자 선여인등

欲供養 彼世尊 藥師琉璃光 如來者

욕공양 피세존 약사유리광 여래자

應先造立 彼佛形像 敷清淨座 而安處之

응선조립 피불형상 부청정좌 이안처지

散種種花 燒種種香 以種種幢幡 莊嚴其處

산종종화 소종종향 이종종당번 장엄기처

七日七夜 受持 八分齋戒 食清淨食 澡浴香潔

칠일칠야 수지 팔분재계 식청정식 조욕향결

著新淨衣 應生 無垢濁心 無怒害心 於一切有情

착신정의 응생 무구탁심 무노해심 어일체유정

起利益安樂 慈悲喜捨 平等之心

기이익안락 자비희사 평등지심

북과 악기, 노래로 찬탄하고, 부처님의 형상 주위를 오른쪽으로 돌아야 한다. 또한 마땅히 약사여래의 본래 서원과 공덕을 기억하고, 이 경전을 독송하며 그 뜻을 사유하고 설명해서 밝혀야 한다演說開示. 그러면 즐거이 원하는 바에 따라 모두 이루어지리라. 긴 수명을 구하면 긴 수명을, 부유함을 구하면 부유함을, 관직을 구하면 관직을, 아들딸을 구하면 아들딸을 얻게 될 것이다.

어떤 사람이 갑자기 악몽을 꾸거나, 여러 악한 징조를 보거나, 괴상한 새들이 모여들거나, 혹은 거처에 백 가지 괴이한 일이 나타나는 경우라도 여러 귀한 물건들을 가지고 세존 약사유리광여래를 공경하고 공양한다면, 악몽과 나쁜 징조, 여러 불길한 일이 완전히 사라져 더 이상 문제를 일으키지 않게 될 것이다.

鼓樂歌讚 右繞佛像 復應 念彼如來 本願功德
고악가찬 우요불상 부응 염피여래 본원공덕

讀誦此經 思惟其義 演說開示 隨所樂願 一切皆遂
독송차경 사유기의 연설개시 수소락원 일체개수

求長壽得長壽 求富饒得富饒
구장수득장수 구부요득부요

求官位得官位 求男女得男女
구관위득관위 구남녀득남녀

若復有人 忽得惡夢 見諸惡相 或怪鳥來集
약부유인 홀득악몽 견제악상 혹괴조래집

或於住處 百怪出現 此人若以 衆妙資具
혹어주처 백괴출현 차인약이 중묘자구

恭敬供養 彼世尊 藥師琉璃光 如來者
공경공양 피세존 약사유리광 여래자

惡夢惡相 諸不吉祥 皆悉隱沒 不能為患
악몽악상 제불길상 개실은몰 불능위환

만약 물, 불, 칼, 독, 험한 절벽, 사나운 코끼리, 사자, 호랑이, 늑대, 곰, 표범, 독사, 독전갈, 지네, 모기 등으로 인해 두려움이 있을 때, 지심으로 이 부처님을 기억하고 마음에 두고, 공경하고 공양하면, 모든 두려움과 공포에서 모두 벗어나게 될 것이다. 만약 타국이 침입하고 도적과 반란이 생겨도 약사부처님을 기억하고 마음에 두고 공경하는 자는 모두 해탈을 얻게 될 것이다.

또한 문수사리여! 청정한 신심을 가진 선남자, 선여인은 온몸을 다하여 다른 하늘을 섬기지 않고, 오직 일심으로 불, 법, 승에 귀의하여 계율을 받아 지킬 수 있다. 하지만 만약 오계, 십계, 보살 400계, 비구 250계, 비구니 500계 중에서 혹여 어느 계율이라도 어기게 되면, 악도에 떨어질까 두려워하게 된다. 그런 경우라도 약사부처님의 명호를 오로지 집중하여 염불하고, 공경하고 공양하는 자는 절대 삼악도의 생을 받지 않을 것이다.

或有水 火 刀 毒 懸嶮 惡象 師子 虎
혹유수 화 도 독 현험 악상 사자 호

狼 熊 羆 毒蛇 惡蠍 蜈蚣 蚰蜒 蚊虻等怖
랑 웅 비 독사 악헐 오공 유연 문맹등포

若能至心 憶念彼佛 恭敬供養 一切怖畏 皆得解脫
약능지심 억념피불 공경공양 일체포외 개득해탈

若他國侵擾 盜賊反亂 憶念恭敬 彼如來者 亦皆解脫
약타국침요 도적반란 억념공경 피여래자 역개해탈

復次 曼殊室利 若有淨信 善男子 善女人等
부차 만수실리 약유정신 선남자 선여인등

乃至盡形 不事餘天 惟當一心 歸佛法僧 受持禁戒
내지진형 불사여천 유당일심 귀불법승 수지금계

若五戒 十戒 菩薩四百戒 苾芻二百五十戒
약오계 십계 보살사백계 비구이백오십계

苾芻尼五百戒 於所受中 或有毀犯 怖墮惡趣
비구니오백계 어소수중 혹유훼범 포타악취

若能專念 彼佛名號 恭敬供養者 必定不受 三惡趣生
약능전념 피불명호 공경공양자 필정불수 삼악취생

혹은 여인이 출산이 임박해서 극심한 고통을 겪더라도, 능히 지심으로 그 여래의 명호를 부르고 예찬하며, 공경하고, 공양한다면, 온갖 고통이 모두 사라질 것이다. 태어나는 자식은 신분이 구족하고 형색이 단정하여, 보는 이가 모두 기뻐할 것이다. 감각기관이 예리하고 총명하며, 편안하고 질병이 적으며, 비인에게 정기를 빼앗기는 일도 없을 것이다."

그때 세존께서 아난다에게 말씀하셨다.
"내가 방금 칭송한 저 부처님, 세존 약사유리광여래의 공덕은 모든 부처님들의 깊고 깊은 행처^{甚深行處}라 그대가 헤아리고 이해하기가 어려운 것이다. 그대는 믿겠는가? 믿지 못하겠는가?"

或有女人 臨當産時 受於極苦

혹유여인 임당산시 수어극고

若能至心 稱名禮讚 恭敬供養 彼如來者 衆苦皆除

약능지심 칭명례찬 공경공양 피여래자 중고개제

所生之子 身分具足 形色端正 見者歡喜

소생지자 신분구족 형색단정 견자환희

利根聰明 安隱少病 無有非人 奪其精氣

이근총명 안은소병 무유비인 탈기정기

爾時 世尊告 阿難言

이시 세존고 아난언

如我稱揚 彼佛世尊 藥師琉璃光如來 所有功德

여아칭양 피불세존 약사유리광여래 소유공덕

此是諸佛 甚深行處 難可解了 汝爲信不

차시제불 심심행처 난가해료 여위신불

아난다가 말했다.

"대덕 세존이시여! 저는 여래께서 설한 경전에 대하여 결코 의심이 없습니다. 무슨 이유인가 하면, 모든 여래의 몸, 말씀, 뜻^{身語意}의 업이 청정하지 않은 일이 없기 때문입니다. 세존이시여! 저 해와 달의 궤도는 떨어지게 할 수 있고, 묘고산왕*도 기울어지게 할 수 있지만, 모든 부처님들의 말씀은 절대 변하지 않습니다.

세존이시여! 그러나 모든 중생이 믿음의 뿌리를 갖추지는 못해서 모든 부처님의 깊고 깊은 행처를 듣고도 이렇게 생각합니다. '어찌하여 단지 약사유리광여래, 부처님 한 분의 명호만 생각하는데 그러한 공덕과 이익을 얻는다고 하는가?' 이로 인해 오히려 불신이 생기고 비방하게 되며, 그런 이유로 긴 밤을 지나 큰 이익과 즐거움을 잃고서 여러 악한 길에 떨어져 끝없이 유전^{流轉}**하게 됩니다."

*   수미산.
**   '이리저리 떠돈다.'는 뜻

阿難白言 大德世尊 我於如來 所說契經 不生疑惑
아난백언 대덕세존 아어여래 소설계경 불생의혹

所以者何 一切如來 身語意業 無不淸淨
소이자하 일체여래 신어의업 무불청정

世尊 此日月輪 可令墮落 妙高山王 可使傾動
세존 차일월륜 가령타락 묘고산왕 가사경동

諸佛所言 無有異也
제불소언 무유이야

世尊 有諸衆生 信根不具 聞說諸佛 甚深行處
세존 유제중생 신근불구 문설제불 심심행처

作是思惟 云何但念 藥師琉璃光如來 一佛名號
작시사유 운하단념 약사유리광여래 일불명호

便獲爾所 功德勝利 由此不信 反生誹謗
편획이소 공덕승리 유차불신 반생비방

彼於長夜 失大利樂 墮諸惡趣 流轉無窮
피어장야 실대리락 타제악취 유전무궁

부처님께서 아난다에게 말씀하셨다.

"그러한 모든 중생도 세존 약사유리광여래의 명호를 듣고서, 지심으로 수지하고 의심을 일으키지 않는다면, 악도에 떨어지는 일은 결코 없을 것이다. 아난다여, 이는 모든 부처님의 깊고 깊은 행으로서, 믿기도 이해하기도 어려운 것이다. 그대가 지금 이것을 받아들일 수 있다면, 그건 모두 여래의 위력임을 알아야 한다.

아난다여, 모든 성문이나 독각 혹은 아직 지위에 오르지 못한 보살들도 이 법이 정말 무엇인지 여실하게 믿거나 이해할 수 없는 것이다. 그건 오직 일생소계보살*만 제외이다.

---

* 일생소계보살은 '일생보처보살'이라고 부르며, 한 생이 끝나면 다음 부처가 되는 보살을 의미.

佛告阿難

불고아난

是諸有情 若聞世尊 藥師琉璃光 如來名號

시제유정 약문세존 약사유리광 여래명호

至心受持 不生疑惑 墮惡趣者 無有是處

지심수지 불생의혹 타악취자 무유시처

阿難 此是諸佛 甚深所行 難可信解

아난 차시제불 심심소행 난가신해

汝今能受 當知皆是 如來威力

여금능수 당지개시 여래위력

阿難 一切聲聞獨覺 及未登地 諸菩薩等

아난 일체성문독각 급미등지 제보살등

皆悉不能 如實信解 惟除 一生所繫菩薩

개실불능 여실신해 유제 일생소계보살

아난다여, 인간의 몸은 얻기가 어렵고, 또한 삼보를 믿고, 존경하고 존중하기도 어려운 것이다. 그런데 세존 약사유리광여래의 명호를 듣기는 그보다 더 어렵다. 아난다여, 약사유리광여래께서는 무량한 보살행과 무량한 선교방편善巧方便, 무량하고 광대한 서원을 지니셨다. 내가 만약 한겁劫 동안, 혹은 한겁을 넘도록 널리 말하더라도, 그 겁은 금세 다할지언정, 저 부처님의 행원과 방편의 지혜는 끝이 없을 것이다."

그때 대중 가운데 한 보살마하살이 계셨으니, 그 이름은 구탈救脫이었다. 그는 곧 자리에서 일어나 오른쪽 어깨를 드러내고, 오른쪽 무릎을 땅에 대며 몸을 굽혀 합장하고 부처님께 아뢰었다.

阿難 人身難得 於三寶中 信敬尊重 亦難可得
아난 인신난득 어삼보중 신경존중 역난가득
得聞世尊 藥師琉璃光 如來名號 復難於是
득문세존 약사유리광 여래명호 부난어시
阿難 彼藥師 琉璃光如來 無量菩薩行
아난 피약사 유리광여래 무량보살행
無量善巧方便 無量廣大願 我若一劫 若一劫餘
무량선교방편 무량광대원 아약일겁 약일겁여
而廣說者 劫可速盡 彼佛行願 善巧方便 無有盡也
이광설자 겁가속진 피불행원 선교방편 무유진야

爾時 衆中有一 菩薩摩訶薩 名曰救脫 即從座起
이시 중중유일 보살마하살 명왈구탈 즉종좌기
偏袒右肩 右膝著地 曲躬合掌 而白佛言
편단우견 우슬착지 곡궁합장 이백불언

"대덕 세존이시여, 상법 시대에는 많은 중생이 갖은 병과 고통에 시달립니다. 오랜 병으로 야위고 음식도 먹지 못하며, 목과 입술이 마르고, 사방이 어둡게 보이고, 죽음의 징조가 눈앞에 나타날 것인데, 부모, 권속과 친지들이 울며 애통해하며 둘러싸지만, 정작 그 자신은 본래 누운 자리에서 염라왕의 사자를 보게 됩니다. 사자는 그 사람의 신식神識*을 끌고 염라왕 앞에 데려갑니다. 모든 유정은 태어날 때부터 신神이 있으므로, 그 행위에 따라 죄든 복이든 모두 기록하여 빠짐없이 염마법왕琰魔法王**에게 넘겨줍니다. 그때 염라왕은 그의 소행을 묻고 지은 업을 계산해서 죄와 복에 따라 처단할 것입니다.

*   신식 또는 신이란 사람의 영혼 또는 의식을 의미.
** 염라대왕의 또 다른 명칭.

大德世尊 像法轉時 有諸衆生 為種種患 之所困厄
대덕세존 상법전시 유제중생 위종종환 지소곤액

長病羸瘦 不能飮食 喉脣乾燥 見諸方暗 死相現前
장병리수 불능음식 후순건조 견제방암 사상현전

父母 親屬 朋友 知識 啼泣圍繞 然彼自身
부모 친속 붕우 지식 제읍위요 연피자신

臥在本處 見琰魔使 引其神識至于 琰魔法王之前
와재본처 견염마사 인기신식지우 염마법왕지전

然諸有情 有俱生神 隨其所作 若罪若福
연제유정 유구생신 수기소작 약죄약복

皆具書之 盡持授 與琰魔法王
개구서지 진지수 여염마법왕

爾時 彼王 推問其人 算計所作 隨其罪福 而處斷之
이시 피왕 추문기인 산계소작 수기죄복 이처단지

그때, 그 병자의 권속이나 친지들이 그를 위하여 세존 약사유리광여래께 귀의하고, 여러 스님께 이 경전을 독송하도록 청하고, 일곱 층의 등불을 켜고, 오색으로 된 속명신번續命神幡*을 걸면, 그 사람의 의식識이 돌아올 수 있습니다. 그러면 그는 마치 꿈속의 일처럼 스스로 분명하게 보고 알게 될 것입니다.

7일, 21일, 35일, 혹은 49일이 지나서 의식이 돌아오는데, 마치 꿈에서 깨어나는 것처럼, 저절로 자신이 지은 선한 업과 선하지 않은 업에 대한 과보를 분명히 기억하고 알게 됩니다. 자신이 지은 업의 과보를 스스로 증명하고 보았기 때문에, 설령 목숨이 위태로운 상황에서도 다시는 어떤 악업도 짓지 않게 됩니다. 그러니 청정한 믿음을 가진 선남자, 선여인들은 모두 마땅히 약사유리광여래의 명호를 받아 지니고, 각자 힘과 능력에 따라 공경하며 공양해야 할 것입니다."

* 속명신번은 생명을 연장해주는 신령스러운 깃발을 의미.

時 彼病人親屬 知識 若能爲彼 歸依世尊
시 피병인친속 지식 약능위피 귀의세존
藥師琉璃光如來 請諸衆僧 轉讀此經 然七層之燈
약사유리광여래 청제중승 전독차경 연칠층지등
懸五色 續命神幡 或有是處 彼識得還
현오색 속명신번 혹유시처 피식득환
如在夢中 明了自見
여재몽중 명료자견

或經七日 或二十一日 或三十五日 或四十九日
혹경칠일 혹이십일일 혹삼십오일 혹사십구일
彼識還時 如從夢覺 皆自憶知 善不善業 所得果報
피식환시 여종몽각 개자억지 선불선업 소득과보
由自證見 業果報故 乃至命難 亦不造作 諸惡之業
유자증견 업과보고 내지명난 역부조작 제악지업
是故 淨信善男子 善女人等 皆應受持
시고 정신선남자 선여인등 개응수지
藥師琉璃光 如來名號 隨力所能 恭敬供養
약사유리광 여래명호 수력소능 공경공양

그때 아난다가 구탈보살에게 물으셨다.

"선남자여, 세존 약사유리광여래를 어떻게 공경하고 공양해야 합니까? 수명을 연장하는 깃발과 등불은 어떻게 만들어야 합니까?"

구탈보살께서 말씀하셨다.

"대덕이시여, 만약 어떤 아픈 사람이 병이나 괴로움에서 벗어나고자 한다면, 마땅히 그를 위해 일곱 낮 일곱 밤 동안 팔분재계를 수지하고, 음식 및 기타 필요한 물품을 자신의 힘과 능력에 따라서 준비하여 비구 승가에 공양해야 합니다.

爾時 阿難問 救脫菩薩曰

이시 아난문 구탈보살왈

善男子 應云何 恭敬供養

선남자 응운하 공경공양

彼世尊 藥師琉璃光如來 續命幡燈 復云何造

피세존 약사유리광여래 속명번등 부운하조

救脫菩薩言

구탈보살언

大德 若有病人 欲脫病苦

대덕 약유병인 욕탈병고

當爲其人 七日七夜 受持 八分齋戒

당위기인 칠일칠야 수지 팔분재계

應以飮食 及餘資具 隨力所辦 供養苾芻僧

응이음식 급여자구 수력소판 공양비구승

주야육시*에 세존 약사유리광여래께 예배하고 공양하며, 이 경전을 49번 독송하고 49개의 등불을 켜놓고 이 여래의 형상을 일곱 구軀로 조성하되, 각 형상 앞에 7개의 등을 두어야 합니다. 하나하나 등불 크기는 수레바퀴만큼 크게 하고, 49일간 그 빛이 꺼지지 않게 해야 합니다. 또한 오색의 비단 깃발을 만들어, 길이를 49자搩手에 맞추고, 다양한 중생을 49마리 방생해야 합니다. 그러면 위험하고 어려운 재난에서 벗어나고, 여러 횡액과 악귀에게 붙잡히거나 지배당하지 않을 것입니다.

또한 아난다여, 만약 찰제리 관정왕 등이 재난이 일어날 때, 예를 들어 사람들의 전염병 재난, 타국의 침입 재난, 본국 내 반역 재난, 별자리가 괴이하게 변하는 재난, 해와 달의 가려지는 재난, 때 아닌 풍우 재난, 제때 비가 내리지 않는 재난이 발생하면,

---

* '낮과 밤의 여섯 시간대 내내' 또는 '하루 종일 끊임없이'라는 의미.

晝夜六時 禮拜供養 彼世尊 藥師琉璃光如來

주야육시 예배공양 피세존 약사유리광여래

讀誦此經 四十九遍 然四十九燈

독송차경 사십구편 연사십구등

造彼如來 形像七軀 一一像前 各置七燈

조피여래 형상칠구 일일상전 각치칠등

一一燈量 大如車輪 乃至四十九日 光明不絶

일일등량 대여거륜 내지사십구일 광명부절

造五色綵幡 長四十九搩手 應放雜類 衆生至四十九

조오색채번 장사십구첩수 응방잡류 중생지사십구

可得過度 危厄之難 不為諸橫惡鬼所持

가득과도 위액지난 불위제횡악귀소지

復次 阿難 若刹帝利 灌頂王等 災難起時

부차 아난 약찰제리 관정왕등 재난기시

所謂 人衆疾疫難 他國侵逼難 自界叛逆難

소위 인중질역난 타국침핍난 자계반역난

星宿變怪難 日月薄蝕難 非時風雨難 過時不雨難

성수변괴난 일월박식난 비시풍우난 과시불우난

그때, 찰제리 관정왕 등이 모든 중생을 향해 자비로운 마음을 일으켜 가둬놓은 죄수들을 사면하고, 앞서 말한 공양법에 따라 세존 약사유리광여래께 공양을 올려야 합니다. 그러면 이 선근과 약사유리광여래의 본래 원력으로 인해, 그 나라의 국토는 곧 평온을 얻게 될 것입니다. 비바람이 제때 오고, 곡식은 무르익으며, 모든 중생은 병이 없고 기쁨과 즐거움을 누리게 될 것입니다. 그 나라 안에는 포악한 야차와 같은 신이 중생을 괴롭히는 일이 없을 것이며, 모든 나쁜 징조는 즉시 사라지게 됩니다. 그리고 찰제리 관정왕 등은 수명과 색력^{色力}*이 증가하고, 병 없이 자유로우며, 그 이익이 증장됩니다.

---

* 몸의 힘 또는 기력.

彼刹帝利 灌頂王等 爾時應於 一切有情 起慈悲心
피찰제리 관정왕등 이시응어 일체유정 기자비심

赦諸繫閉 依前所說 供養之法 供養彼世尊
사제계폐 의전소설 공양지법 공양피세존

藥師琉璃光如來 由此善根 及彼如來 本願力故
약사유리광여래 유차선근 급피여래 본원력고

令其國界 卽得安隱 風雨順時 穀稼成熟
령기국계 즉득안은 풍우순시 곡가성숙

一切有情 無病歡樂 於其國中 無有暴虐 藥叉等神
일체유정 무병환락 어기국중 무유폭학 야차등신

惱有情者 一切惡相 皆卽隱沒
뇌유정자 일체악상 개즉은몰

而刹帝利 灌頂王等 壽命色力 無病自在 皆得增益
이찰제리 관정왕등 수명색력 무병자재 개득증익

아난다여! 만약 황제와 제후, 후비, 세자, 왕자, 대신, 보좌관, 궁녀, 백관, 백성들이 병으로 고통받고, 그 외의 재난을 겪고 있다면, 오색의 신령스러운 번기를 만들어 세우고, 등불을 계속 밝혀놓아야 합니다. 그리고 여러 생명을 방생해야 합니다. 또한 여러 색의 꽃을 흩뿌리고, 온갖 향을 태우면, 병이 낫고 여러 어려움에서 벗어나게 될 것입니다."

그때 아난다 존자께서 구탈보살에게 물으셨다.
"선남자여, 어찌 이미 끝난 생명을 늘릴 수 있다고 하십니까?"

阿難 若帝后 妃主 儲君 王子 大臣 輔相
아난 약제후 비주 저군 왕자 대신 보상
中宮婇女 百官 黎庶 為病所苦 及餘厄難
중궁채녀 백관 여서 위병소고 급여액난
亦應造立 五色神幡 然燈續明 放諸生命
역응조립 오색신번 연등속명 방제생명
散雜色華 燒衆名香 病得除愈 衆難解脫
산잡색화 소중명향 병득제유 중난해탈

爾時 阿難問 救脫菩薩言
이시 아난문 구탈보살언
善男子 云何 已盡之命 而可增益
선남자 운하 이진지명 이가증익

구탈보살께서 답하셨다.

"대덕이시여, 그대는 여래께서 아홉 가지 횡사에 대해 설명하신 것을 듣지 못하였습니까? 그래서 수명을 연장하는 깃발과 등불을 세우고, 여러 복덕을 닦을 것을 권하는 것입니다. 이와 같은 복을 닦기 때문에, 명이 다할 때까지 고통과 재앙을 겪지 않는 것입니다."

아난다 존자께서 물으셨다.
"아홉 가지 횡사란 무엇입니까?"

救脫菩薩言

구탈보살언

大德 汝豈不聞 如來說有 九橫死耶

대덕 여기불문 여래설유 구횡사야

是故勸造 續命幡燈 修諸福德

시고권조 속명번등 수제복덕

以修福故 盡其壽命 不經苦患

이수복고 진기수명 불경고환

阿難問言

아난문언

九橫云何

구횡운하

구탈보살이 말하셨다.

"어떤 유정은 병에 걸렸는데, 비록 병이 가볍다고 하더라도 약이나 간호해 줄 사람이 없고, 설령 의사를 만나더라도 잘못된 약을 받아서 본래 죽지 않아야 할 사람이 횡사하게 되는 경우가 있습니다. 또는 세상의 사악한 마구니나 외도, 요괴들의 스승들을 믿고, 잘못된 말로 화복을 예언하고, 그로 인해 두려움과 동요가 일어나고 마음을 바르게 잡지 못하며, 점을 쳐서 재앙을 피하려 하고, 여러 생명을 죽여서 신명神明에게 제사를 지내고, 요괴를 불러들여 복을 구하고, 수명을 연장하려 하지만 결국 얻지 못합니다. 이렇게 어리석고 미혹하여 삿된 것을 믿고 견해가 뒤집혀서, 결국 횡사하게 되어 지옥에 떨어지고, 다시 나올 기약이 없습니다. 이를 첫 번째 횡사라 부릅니다.

救脫菩薩言

구탈보살언

若諸有情 得病雖輕 然無醫藥 及看病者

약제유정 득병수경 연무의약 급간병자

設復遇醫 授以非藥 實不應死 而便橫死

설부우의 수이비약 실불응사 이편횡사

又信世間 邪魔外道 妖之師 妄說禍福 便生恐動

우신세간 사마외도 요지사 망설화복 편생공동

心不自正 卜問覓禍 殺種種衆生 解奏神明

심불자정 복문멱화 살종종중생 해주신명

呼諸魍魎 請乞福祐 欲冀延年 終不能得

호제망량 청걸복우 욕기연년 종불능득

愚癡迷惑 信邪倒見 遂令橫死 入於地獄

우치미혹 신사도견 수령횡사 입어지옥

無有出期 是名初橫

무유출기 시명초횡

둘째는 왕법으로 처형당하는 것입니다. 셋째는 사냥이나 오락에 빠져 음란, 술을 탐닉하고, 방탕하여 절제 없이 살다가 뜻밖에 비인에게 정기를 빼앗기게 되는 것입니다. 넷째는 불에 타서 죽는 것입니다. 다섯째는 물에 익사하는 것이고, 여섯째는 뜻밖에 악한 짐승에게 잡아먹히는 것이고, 일곱째는 뜻밖에 산꼭대기에서 떨어져 죽는 것입니다. 여덟째는 뜻밖에 독약이나 악령의 기도, 저주, 시체를 일으키는 귀신 등에 의해서 해를 입어 죽는 것입니다. 아홉째는 굶주림, 갈증에 시달려 음식을 먹지 못하고 횡사하는 것입니다. 이것이 여래께서 간략하게 말씀해 주신 횡사로 아홉 종류가 있습니다. 그 외에도 무수히 많은 횡사가 있지만, 그걸 다 말로 설명하기는 어렵습니다.

二者 橫被王法之所誅戮

이자 횡피왕법지소주륙

三者 畋獵嬉戲 耽婬嗜酒 放逸無度 橫為非人 奪其精氣

삼자 전렵희희 탐음기주 방일무도 횡위비인 탈기정기

四者 橫為火焚 五者 橫為水溺

사자 횡위화분 오자 횡위수닉

六者 橫為種種惡獸所噉 七者 橫墮山崖

육자 횡위종종악수소담 칠자 횡타산애

八者 橫為毒藥 厭禱 呪詛 起屍鬼等之所中害

팔자 횡위독약 염도 주저 기시귀등지소중해

九者 飢渴所困 不得飲食 而便橫死

구자 기갈소곤 부득음식 이편횡사

是為如來 略說橫死 有此九種

시위여래 약설횡사 유차구종

其餘復有 無量諸橫 難可具說

기여부유 무량제횡 난가구설

다시 말하자면, 아난다여! 염라왕은 세간의 명부를 기록하는 일을 담당하고 있습니다. 만약 어떤 유정이 효도하지 않거나, 오역죄를 범하거나, 삼보를 모독하고, 군신의 법을 파괴하고, 신앙과 계율을 훼손한다면, 염마법왕은 그 죄의 경중에 따라 살피고 처벌할 것입니다. 그러므로 내가 지금 유정들에게 권고하는 것입니다. 등불을 밝히고, 깃발을 세우고, 방생하고, 복을 쌓아서 고통과 재앙에서 벗어나, 갖은 재난에 처하지 않도록 해야 합니다."

復次 阿難 彼琰魔王 主領世間 名籍之記

부차 아난 피염마왕 주령세간 명적지기

若諸有情 不孝五逆 破辱三寶 壞君臣法 毁於信戒

약제유정 불효오역 파욕삼보 괴군신법 훼어신계

琰魔法王 隨罪輕重 考而罰之

염마법왕 수죄경중 고이벌지

是故我今 勸諸有情 然燈造幡 放生修福

시고아금 권제유정 연등조번 방생수복

令度苦厄 不遭衆難

영도고액 불조중난

유통분   제 03 장

그때, 대중 가운데 열두 명의 야차 대장들이 모두 함께 자리에 앉아 있었으니, 그들의 이름은 다음과 같았다. 궁비라 대장, 발절라 대장, 미기라 대장, 안저라 대장, 알이라 대장, 산저라 대장, 인달라 대장, 바이라 대장, 마호라 대장, 진달라 대장, 초두라 대장, 비갈라 대장.

爾時 衆中有十二 藥叉大將 俱在會坐 所謂
이시 중중유십이 야차대장 구재회좌 소위

宮毘羅大將 伐折羅大將 迷企羅大將 安底羅大將
궁비라대장 발절라대장 미기라대장 안저라대장

頞儞羅大將 珊底羅大將 因達羅大將 波夷羅大將
알이라대장 산저라대장 인달라대장 바이라대장

摩虎羅大將 眞達羅大將 招杜羅大將 毘羯羅大將
마호라대장 진달라대장 초두라대장 비갈라대장

이 열두 명의 야차 대장들은 각각 7천 명의 야차를 권속으로 두고 있으며, 모두 동시에 목소리를 높여 부처님께 아뢰었다.

"세존이시여! 저희는 지금 부처님의 위력으로, 세존 약사유리광여래의 명호를 들을 수 있었습니다. 그래서 더 이상 악한 길에 떨어질 두려움이 없습니다. 저희들은 모두 똑같이 한 마음^{一心}입니다. 끝까지 몸을 바쳐 불법승에 귀의할 것이며, 모든 유정을 짊어지고 의로움과 이익을 이루어, 안락을 가져다줄 것을 서원합니다.

此十二 藥叉大將 一一各有 七千藥叉 以爲眷屬

차십이 야차대장 일일각유 칠천야차 이위권속

同時擧聲 白佛言

동시거성 백불언

世尊 我等今者 蒙佛威力

세존 아등금자 몽불위력

得聞世尊 藥師琉璃光 如來名號 不復更有 惡趣之怖

득문세존 약사유리광 여래명호 불부경유 악취지포

我等相率 皆同一心 乃至盡形 歸佛法僧

아등상솔 개동일심 내지진형 귀불법승

誓當荷負 一切有情 爲作義利 饒益安樂

서당하부 일체유정 위작의리 요익안락

어떤 마을이나 도시, 나라, 지역 혹은 한적한 숲속에서라도, 만약 이 경전이 유포되거나, 혹은 어디든 약사유리광여래의 명호를 받아 지니며 공경하고 공양하는 자가 있다면, 저희와 권속들은 이러한 사람들을 지키고 보호하여 괴로움과 재난에서 모두 해탈하게 하겠습니다. 원하거나 바라는 것이 있다면 모두 만족하게 할 것이며, 혹여 병고와 재난을 극복하고 벗어나고자 하는 자가 있다면, 이 경전을 독송해야 합니다. 오색의 실을 사용해서 저희 이름을 묶고, 소원대로 이루어진 후에는 그 매듭을 풀면 됩니다."

隨於何等 村城國邑 空閑林中 若有流布此經
수어하등 촌성국읍 공한림중 약유류포차경

或復受持 藥師琉璃光 如來名號 恭敬供養者
혹부수지 약사유리광 여래명호 공경공양자

我等眷屬 衛護是人 皆使解脫 一切苦難
아등권속 위호시인 개사해탈 일체고난

諸有願求 悉令滿足
제유원구 실령만족

或有疾厄 求度脫者 亦應 讀誦此經
혹유질액 구도탈자 역응 독송차경

以五色縷 結我名字 得如願已 然後解結
이오색루 결아명자 득여원이 연후해결

그때 세존께서 여러 야차 대장을 찬탄하며 말씀하셨다.
"훌륭하도다! 훌륭하도다! 야차 대장들이여, 그대들이 세존 약사 유리광여래의 은덕을 염두하고 보답하려 한다면, 항상 이와 같이 모든 유정을 이롭게 하고 안락하게 해야 한다."

그때 아난다가 부처님께 아뢰었다.
"세존이시여, 이 법문法門을 무엇이라 이름해야 하며, 저희는 이를 어떻게 받들어 지녀야 합니까?"

爾時 世尊讚 諸藥叉大將言
이시 세존찬 제야차대장언

善哉 善哉 大藥叉將
선재 선재 대야차장

汝等 念報世尊 藥師琉璃光 如來恩德者
여등 념보세존 약사유리광 여래은덕자

常應如是 利益安樂 一切有情
상응여시 이익안락 일체유정

爾時 阿難白佛言
이시 아난백불언

世尊 當何 名此法門 我等 云何奉持
세존 당하 명차법문 아등 운하봉지

부처님께서 아난다에게 말씀하셨다.

"이 법문은 「약사유리광여래본원공덕」이라 이름하며, 또는 「십이신장요익유정결원신주*」라 이름할 것이고, 또는 「발제일체업장**」이라 이름할 것이다. 그러니 이와 같이 지녀야 할 것이다."

부처님께서 이 말을 마치시자, 모든 보살마하살과 대성문, 국왕, 대신, 브라만, 거사, 천인, 용, 야차, 건달바, 아수라, 가루라, 긴나라, 마후라가, 인간과 비인 등의 모든 대중들이 부처님께서 하신 말씀을 듣고 크게 기뻐하며, 믿고 받들어 행하였다.

---

*   열두 신장이 중생들에게 이익을 주기 위해 서원을 맺은 신주.
** '모든 업장을 뿌리째 뽑아버리다.'는 뜻.

佛告阿難

불고아난

此法門名說 藥師琉璃光如來本願功德

차법문명설 약사유리광여래본원공덕

亦名說 十二神將饒益有情結願神呪

역명설 십이신장요익유정결원신주

亦名 拔除一切業障 應如是持

역명 발제일체업장 응여시지

時 薄伽梵 說是語已 諸菩薩摩訶薩 及大聲聞 國王

시 박가범 설시어기 제보살마하살 급대성문 국왕

大臣 婆羅門 居士 天 龍 藥叉 揵達縛 阿素洛

대신 바라문 거사 천 용 야차 건달바 아수라

揭路荼 緊捺洛 莫呼洛伽 人 非人等

가루라 긴나라 마후라가 인 비인등

一切大衆 聞佛所說 皆大歡喜 信受奉行

일체대중 문불소설 개대환희 신수봉행

약사부처님을 찬탄하다

약사찬 藥師讚

약사여래의 청정하고 푸른 빛은

빛나는 그물의 장엄함이 비할 데 없고,

무한한 행과 서원은 중생을 이롭게 하며,

각자가 구하는 바를 이루며 모두 퇴보하지 않는다네.

동방 정유리세계의 약사유리광여래께 귀의합니다.

재앙을 소멸하고 수명을 연장해주시는 약사부처님께 귀의합니다.

햇빛을 두루 비추는 일광보살님께 귀의합니다.

달빛을 두루 비추는 월광보살님께 귀의합니다.

바다처럼 광대한 약사부처님과 보살님 대중께 귀의합니다.

藥師如來琉璃光

약사여래유리광

燄網莊嚴無等倫

염망장엄무등륜

無邊行願利有情

무변행원리유정

各遂所求皆不退

각수소구개불퇴

南無東方淨琉璃世界藥師琉璃光如來

나무동방정유리세계약사유리광여래

南無消災延壽藥師佛 (繞念)

나무소재연수약사불 (법당을 돌면서 염불)

南無日光徧照菩薩

나무일광변조보살 (3번)

南無月光徧照菩薩

나무월광변조보살 (3번)

南無藥師海會佛菩薩

나무약사해회불보살 (3번)

약사부처님을 찬탄하다

모든 업장을 뿌리째 뽑아버리다*

약사주 藥師呪

재앙을 없애주고, 수명을 늘려주는 약사부처님께 귀의합니다.

南無消災延壽藥師佛

나무소재연수약사불

(합장하고 3번)

---

* 매일 약사주를 외워보세요. 선지식의 보호 없이 타인의 치유를 위해서 독송하는 것은 권하지 않습니다.

나모보체파디

비샤셔

쥐루비류리

보라포

허라서예

다퉈제둬예

어라허디

산먁싼푸퉈예

다즈퉈

안

비샤스

비샤스

비샤셔

샨모제디쉬허

(54독 또는 108독)

수행으로 지은 공덕을 나누다 回向功德 회향공덕

수행한 공덕과 수승한 행의

무한한 최상의 복을 모두 회향하오니

헤어나지 못하고 빠져있는 모든 중생들을 위하여

속히 무량광불의 불국토에 왕생하도록 널리 기원합니다.

시방 삼세의 모든 부처님과 모든 대보살님

마하반야바라밀!

修行功德殊勝行 無邊勝福皆回向
수행공덕수승행 무변승복개회향

普願沉溺諸衆生 速往無量光佛刹
보원침익제중생 속왕무량광불찰

十方三世一切佛 一切菩薩摩訶薩
시방삼세일체불 일체보살마하살 *

摩訶般若波羅蜜
마하반야바라밀 **

---

* 시방은 열 가지 방향으로, 모든 세계를 뜻합니다. 삼세는 과거, 현재, 미래, 일체불은 모든 부처님, 보살마하살은 위대한 보살님들을 의미.

** 마하는 '위대하다', 반야는 '지혜', 바라밀은 '완성하다'는 의미.

약사유리광여래본원공덕경

초판 1쇄 발행 2025년 5월 31일
역자 상욱, 현안
펴낸이 박소진, 한혜현
편집 현안
디자인 마음 연결
펴낸곳 위앙북스
주소 경기도 성남시 분당구 백현로101번길 20 503, 504호
전화 010-5338-8699
이메일 weiyangbooks@gmail.com
ISBN 979-11-987755-0-4
값 12000